RÉFLEXIONS

SUR L'INTÉRÊT GÉNÉRAL

DE L'EUROPE,

SUIVIES

DE QUELQUES CONSIDÉRATIONS

SUR LA NOBLESSE.

PAR

M. DE BONALD.

PARIS,

LE NORMANT, IMPRIMEUR-LIBRAIRE.

1815.

RÉFLEXIONS

SUR L'INTÉRÊT GÉNÉRAL

DE L'EUROPE.

———

C'est pour la seconde fois que les *Etats-Généraux* de l'Europe sont assemblés, et que cette grande famille réunit ses nobles enfans dans le dessein et l'espoir d'une pacification générale.

Le drame s'est compliqué, la scène s'est agrandie ; mais le sujet est à peu près le même. Seulement quelques acteurs ont été remplacés par de nouveaux personnages, et quelques autres ont changé de rôle.

La paix de Westphalie avoit été précédée par un siècle et demi de guerres sanglantes, rarement interrompues, et dont la dernière avoit duré trente ans ; et le congrès de

Vienne , à dater de la paix de Westphalie ,
a été précédé aussi par plus de cent cin-
quante ans de haines cachées, ou de divi-
sions ouvertes, terminées par une guerre de
vingt ans, ou plutôt de vingt siècles, si l'on
considère la multitude et la gravité des événemens qui l'ont remplie , et l'étendue des
maux qu'elle a produits.

La guerre que termina ou qu'interrompit
le traité de Westphalie, avoit été une guerre
de religion allumée par la réformation. La
guerre qui vient de finir a été une guerre
d'irréligion , excitée par des doctrines prétendues philosophiques, qui ne sont elles-
mêmes qu'une dégénération de la réforme,
et la dernière conséquence de ses dogmes.

A Munster (1), la France vouloit constituer le corps germanique , c'est-à-dire le
diviser pour opposer la ligue protestante à

____

(1) La paix de Westphalie se négocia à Munster et à
Osnabruk, où les deux partis, protestant et catholique , ne
purent pas se réunir, même pour traiter de la paix, et ils
firent la paix comme on fait la guerre , dans deux camps
séparés; mais le traité qui intervint a pris le nom général de
traité de Westphalie. On voit dans la belle histoire qu'en a
donnée le P. Bougeant l'embarras du gouvernement français
et de ses négociateurs pour accorder la religion ancienne de
la France avec sa nouvelle politique.

la maison d'Autriche. Aujourd'hui il est
question aussi de constituer l'empire germanique, mais de le composer de membres
plus puissans et plus indépendans, qu'on
veut sans doute opposer à l'ambition présu-
mée de la France. La Russie occupe au
congrès de Vienne la place que la Suède
avoit usurpée à celui de Munster, et offrira
une garantie plus puissante et plus sûre, *dangereuse*
L'Angleterre, qui ne parut pas au traité
de Munster, remplace la Pologne qui ne
figure encore à Vienne que...... pour mé-
moire. Les maisons d'Espagne et de Sicile,
alors Autriche, aujourd'hui Bourbon, d'ennemies de la France qu'elles étoient alors,
sont devenues ses alliées. La Suisse et la
Hollande, reconnues en 1648 comme républiques indépendantes (1), seront peut-être
élevées à la dignité de monarchies consti-
tutionnelles. A Munster la politique solda
ses comptes avec les biens du clergé catholique. A Vienne on disposera en faveur de
princes séculiers des électorats et princi-
pautés ecclésiastiques; et, comme on peut
le voir en comparant les deux époques, il

(1) On ne reconnut à la Suisse qu'une *quasi-liberté*.

y a plus de variétés dans la forme , que de changemens dans le fond.

Quoi qu'il en soit , l'Europe a les yeux ouverts sur le congrès de Vienne : elle en attend des résultats dignes de la sagesse des princes qui y sont réunis , et des talens des hommes d'Etat qui les représentent. Le traité qui conciliera tant d'intérêts , ne restera pas au-dessous des événemens qui en ont été l'occasion, et répondra à la dignité des parties, à la solennité de l'époque , à la grandeur des intérêts. Le traité de West-phalie fut un chef-d'œuvre de diplomatie , de cet art qui ne sert trop souvent qu'à tromper les autres , et quelquefois à se tromper soi-même. Le traité de Vienne sera , il faut l'espérer, un chef-d'œuvre de politique , de cette science qui place les peuples dans les rapports les plus naturels, et par conséquent dans l'état le plus stable ; et il n'y a que ce dénoûment qui puisse dignement terminer cette mémorable tragédie, ce drame fécond en incidens merveilleux , et où nous avons vu à la fois le prodige de l'asservissement de l'Europe , et le miracle de sa délivrance.

Ce n'est pas seulement la paix que l'Europe demande, c'est surtout et avant tout de l'*ordre* qu'elle a besoin, de cet ordre sans lequel la paix n'est qu'un calme trompeur.

L'ordre, la *loi suprême des êtres intelligens*, comme l'a dit un profond philosophe, l'ordre qui prévient les révolutions, les bouleversemens et les conquêtes, repose dans la grande famille européenne, sur deux bases, la religion et la monarchie.

Au traité de Westphalie, l'esprit de la réformation encore dans sa première ferveur et dans la crise de son développement, poussoit au système populaire en politique comme en religion. L'indépendance des républiques de Suisse et de Hollande avoit été son ouvrage, et il introduisit plus de *liberté* ou d'aristocratie dans le gouvernement des villes impériales, et même dans la confédération germanique, qui étoit aussi une république. Aujourd'hui, et au congrès de Vienne, l'esprit de la monarchie reprend le dessus, et la politique semble plus disposée à soumettre d'anciennes républiques au système monarchique, qu'à en former de nouvelles.

Il est vrai que le nouveau système monarchique est mêlé de quelques institutions
qui le sont un peu moins; mais si ces institutions ne convenoient pas à la société, elles
en disparoîtroient tôt ou tard, et particulièrement de la France où rien de contraire
à la nature de la société ne sauroit s'affermir.

Lors du traité de Westphalie, et même
avant, les religions nouvelles demandoient
la tolérance; aujourd'hui elles obtiendront
une entière égalité avec l'ancienne religion.
Il faut espérer que celle-ci ne sera pas traitée
moins favorablement que ses rivales, et que
l'Angleterre, qui a fait tant de frais pour
faire abolir partout l'esclavage civil des
noirs; ne refusera pas à ses sujets catholiques la liberté politique. Aujourd'hui cette
égalité est peut être la seule voie de revenir
un jour à l'unité, premier moyen d'ordre et
de conservation, et qui doit être le but cons-
tant des gouvernemens.

Ce retour à l'unité, Bossuet et Léibnitz
le jugeoient possible, ils y avoient travaillé,
et peut-être ils auroient réussi sans la
politique de la maison d'Hanovre, appelée au trône d'Angleterre. Alors on trou-

voit des obstacles dans l'esprit de religion ;
aujourd'hui on auroit à combattre l'indiffé-
rence, et je ne sais quelle hypocrisie philosophique, appelée dans la langue franco-
tudesque *religiosité*.

La chrétienté avoit vécu jusqu'au quinzième siècle sur ces deux principes de monarchie et de religion chrétienne. La paix y
avoit été troublée par des guerres entre voisins. Mais ces guerres sans haine, ces luttes
passagères entre des peuples réunis dans les
mêmes doctrines politiques et religieuses,
n'avoient servi qu'à exercer les forces des
Etats, sans danger pour leur pouvoir et leur
indépendance ; et elles avoient souvent cédé
à l'intervention du chef de l'Eglise, père
commun de tous les peuples chrétiens, et
lien universel de la grande famille.

Au quinzième siècle il se fit un grand
schisme dans la religion, et par une suite
inévitable, il s'opéra une grande scission
dans la politique.

Un nouveau système de religion, et bientôt
de politique, le système presbytérien et populaire, antagoniste du système monarchique, s'éleva en Europe. Des principes

si diamétralement opposés ne pouvoient se trouver en présence sans se heurter. La lutte commença donc en Europe, et peut-être pour ne plus finir.

Les deux partis prirent à la fois la plume et les armes, la controverse divisa les esprits, la guerre troubla les États. Chaque parti cherchoit à conserver ou à conquérir le pouvoir; et lorsqu'épuisés par cette lutte opiniâtre, ils se reposoient à la faveur de traités aussitôt rompus que signés, il en résultoit momentanément entr'eux une sorte d'équilibre; et alors se montrèrent pour la première fois en Europe ces idées d'équilibre politique, que les publicistes réformés proclamèrent avec ardeur pour faire pencher la balance de leur côté.

Il peut être curieux de voir ce que c'étoit que cet équilibre politique au moment qu'il paroissoit le mieux *pondéré* et le plus affermi. « Après la paix d'Aix-la-Chapelle, » dit Voltaire, l'Europe chrétienne se trouva » partagée entre deux grands partis qui se » ménageoient l'un l'autre, et qui soute- » noient, chacun de leur côté, cette balance » politique, *ce prétexte de tant de guerres,*

» laquelle devoit assurer une éternelle paix.
» Les Etats de l'impératrice-reine de Hon-
» grie et une partie de l'Allemagne, la
» Russie, l'Angleterre, la Hollande et la
» Sardaigne, composoient une de ces grandes
» factions (1) ; l'autre étoit formée par la
» France, l'Espagne, les Deux-Siciles, la
» Prusse et la Suède. *Toutes les puissances*
» *restèrent armées.* On espéra un repos du-
» rable par la crainte que ces deux moitiés
» de l'Europe sembloient inspirer l'une à
» l'autre. On se flatta que long-temps il n'y
» auroit aucun agresseur, parce que tous
» les Etats étoient armés pour se défendre.
» Mais on se flatta en vain. Une légère que-
» relle entre la France et l'Angleterre, pour
» quelques terrains sauvages vers l'Arcadie,
» inspira une nouvelle politique à tous les
» souverains de l'Europe. » Voilà quelles
furent et quelles seront toujours la force et
la durée de ce système de balance politique
dans lequel toutes les puissances restent

_____

(1) Faction ne se diroit guère aujourd'hui dans le sens que
lui donnoit Voltaire. Les révolutions lui en ont donné un
autre plus déterminé, et moins innocent.

armées, tout-à-fait semblable à l'équilibre
mécanique, qui n'est jamais qu'un instant
de repos entre deux oscillations.

En vain on déplaceroit les poids ou l'on
combineroit différemment les deux moitiés
qui doivent se balancer l'une l'autre, on
n'aura jamais que la guerre pour résultat ;
parce que dans ce système, *toutes les puissances restent armées*, et que ce n'est même
qu'en mettant leur épée dans la balance
qu'elles obtiennent un moment d'équilibre :
état plus dangereux que jamais, aujourd'hui
que des puissances du troisième ordre
mettent sur pied ou tiennent disponibles des
forces disproportionnées à leur population ;
et d'ailleurs, en balançant les intérêts ou
même les forces militaires, peut-on mettre
en balance la force morale des nations et les
passions ou les talens de ceux qui les gouvernent ?

C'étoit sur des bases moins chancelantes
qu'un des plus grands Rois des temps mo-
dernes, et un des plus grands esprits de tous
les temps, avoient voulu fonder l'ordre et
le repos en Europe. Ils mettoient, l'un et
l'autre, à la tête de la chrétienté, comme

arbitre et modérateur le père commun des chrétiens ; et quoique ce projet de république chrétienne eût été d'une exécution difficile, pour ne pas dire impossible, et qu'on ne pût aujourd'hui faire goûter la prééminence politique du chef de l'Eglise à cette partie de l'Europe qui ne reconnoît pas même sa suprématie religieuse, il faut se garder de rejeter avec mépris un projet qui a paru praticable à Henri IV et à Léibnitz.

Ces deux excellens esprits avoient très-bien jugé que la chrétienté étant une grande famille, composée de plus âgés et de plus jeunes, une société où il y a des forts et des foibles, des grands et des petits ; la chrétienté tout entière étoit soumise à la loi commune des familles et des Etats qui se gouvernent par des autorités, et non par des équilibres.

Pourrons-nous espérer que dans les faits que nous allons présenter et l'opinion que nous allons émettre, la raison et l'expérience triompheront des préventions nationales ?

Depuis Charlemagne, il y a eu en Europe une autorité toujours respectée, même par ses rivaux, toujours reconnue, même par ses ennemis, la prépondérance de la France ; prépondérance non de force, car la politique de la France a toujours été plus heureuse que ses armes, mais prépondé-rance de dignité, de considération, d'in-fluence et de conseil, que lui donnoient l'âge et les souvenirs ; et je ne sais quelle suite dans ses conseils, quel bonheur dans ses progrès, qui, toujours les mêmes, malgré les fautes de son administration et les revers de ses armes, faisoient dire à un grand pape : « Que la France étoit un royaume gouverné » par la Providence. » La France étoit l'aînée de toutes les sociétés européennes ; et lorsque les peuples de la Grande-Bretagne et de la Germanie habitoient encore leurs forêts et leurs marais, la Gaule, cultivée par l'étude des lettres grecques et latines, forte de la discipline romaine, instruite à l'école de ces maîtres du monde, polie par leurs arts et leur urbanité, qui même à la fin s'étoient exilés de Rome pour se réfugier aux extré-mités de l'Empire ; la Gaule, comme une terre bien préparée, avoit reçu tous les bienfaits de la civilisation chrétienne. Bientôt

elle devint monarchique ; et l'ancienneté de
la noble maison de ses Rois aînée aussi de
toutes les autres , l'excellence de sa constitution , les vertus et les lumières de son
clergé , la dignité de ses corps de magistrature , la renommée de sa chevalerie , la
science de ses universités , la sagesse de ses
lois , la douceur de ses mœurs , le caractère
de ses habitans, bien plus que la force de
ses armes , toujours balancées et souvent
malheureuses, surtout le génie de Charlemagne , l'avoient élevée en Europe à un
rang qui n'étoit plus contesté. Rien de grand
dans le monde politique ne s'étoit fait sans
la France , elle étoit dépositaire de toutes
les traditions de la grande famille et de tous
les *secrets d'Etat* de la chrétienté ; rien de
grand, j'ose le dire, ne se fera sans elle ; et
ce qui lui assure à jamais cette prééminence,
et y met en quelque sorte le dernier sceau,
est l'universalité de sa langue, devenue la
langue des cabinets et des cours, et par
conséquent la langue de la politique : sorte
de domination la plus douce à la fois et la
plus forte qu'un peuple puisse exercer sur
d'autres peuples , puisqu'en imposant sa

langue, un peuple impose, en quelque sorte, son caractère, son esprit et ses pensées, dont la langue est la fidèle expression.

La France a donc toujours exercé une sorte de magistrature dans la chrétienté ; toujours elle fut destinée à instruire l'Europe, tantôt par l'exemple de ses vertus, tantôt par la leçon de ses malheurs ; et, s'il est permis de chercher de grands motifs à de grands événemens, toutes les nations étoient coupables, toutes les nations ont été punies ; et la France, la plus coupable de toutes, parce qu'elle avoit plus reçu, a trouvé un châtiment épouvantable dans la terrible vengeance dont elle a été l'instrument.

Mais le plus éclatant hommage rendu à l'importance sociale de la France et à sa *nécessité* politique, sont ces événemens prodigieux dont nous avons été les témoins. Aucune autre société, j'ose le dire, ne pouvoit exciter le même intérêt ni demander les mêmes efforts. Il a fallu que les peuples de l'*Aquilon* et de l'*Aurore* réunissent leurs forces pour rendre à la France son pouvoir légitime, ce pouvoir sur elle-même qu'elle

avoit perdu, lorsqu'ils ne croyoient, lorsqu'ils ne vouloient peut-être que se soustraire
à sa tyrannie. Il a fallu que tous ces nobles
enfans de la chrétienté vinssent replacer de
leurs propres mains, dans la maison pater-
nelle, le premier-né de cette auguste famille.
Les élémens et les hommes ont concouru à
ce grand dessein ; et quand le père de famille
a touché le seuil de la France, cette puissance surhumaine, la plus formidable que
le monde eût vue, et *devant qui la terre se
taisoit*, s'est évanouie comme un songe au
milieu de ses forteresses, de ses trésors et
de ses armées. Cette grande tempête s'est
calmée en un instant, et l'on a pu douter
si le dernier coup de canon des combats
n'étoit pas le premier des fêtes de la paix.

Et qu'on n'accuse pas la France toute
seule du délire dans lequel elle est tombée,
et des maux inouïs qu'elle a causés à l'Europe ; les doctrines étrangères portées en
France depuis long-temps, et mises en
œuvre par nos écrivains, avec un si déplo-
rable succès, n'ont eu que trop d'influence
sur nos destinées. Il a été aisé d'apercevoir
des intrigues étrangères, même dès les pre-

miers jours de nos désordres. L'inconcevable tyrannie sous laquelle, à la fin, l'Europe entière a été courbée, a trouvé des fauteurs et des appuis ailleurs qu'en France ; et elle peut, sans crainte, dire aux autres gouvernemens : « Que celui d'entre vous qui est » sans péché me jette la première pierre. »

Ce seroit, dans le moment présent, une grande erreur, et, pour l'avenir, un grand danger, si la politique, chargée de prononcer sur les grands intérêts de l'Europe, se laissoit conduire par des souvenirs, plutôt que par des prévoyances.

Cette politique est, depuis long-temps, en possession d'égarer l'Europe. Les yeux tournés vers le passé, elle ne songe pas assez à l'avenir ; et, en voulant se prémunir contre des périls imaginaires, elle s'expose, sans défense, à des dangers réels.

Parce que la maison d'Autriche avoit réuni un moment sous sa domination, les plus belles parties de l'ancien et du nouveau Monde, la France, qui, jamais n'a dû la craindre, a toujours vu l'Autriche prête à l'engloutir ; et leur division sous Charles-Quint et François Ier a perdu l'Europe, en favorisant les progrès du luthéranisme. Richelieu a réduit les nobles à n'être que des courtisans et des salariés, parce qu'il redoutoit encore l'ombre des grands vassaux, depuis long-temps anéantis; et, jusque dans ces derniers temps, la France n'a fait des conquêtes si rapides, que parce que de grandes puissances du nord qui n'ont pu oublier qu'elles avoient été long - temps ennemies, ont cru qu'elles ne devoient pas cesser d'être rivales.

Sans doute, la France a montré une force prodigieuse, et causé à l'Europe des maux infinis; mais cette force étoit la force de la fièvre, et une véritable frénésie. La révolution, comme un moteur surnaturel, appliquée à une nation puissante, en a fait tout à coup, à force de terreur, un instrument aveugle et muet, qui n'avoit d'action que pour détruire, et de mouvement que pour courir à sa perte. Cette incroyable combinaison d'événemens, inouïs jusqu'à nos jours, ne peut plus se reproduire. Ce seroit se créer des fantômes pour les combattre, que de se précautionner, aux dépens de la France, contre une pareille chance; et ce n'est plus les armées de la révolution française que les autres Etats ont à redouter , mais plutôt les principes de licence et d'insubordination qu'elle a déposés en Europe , et qui y ont *sans* peut-être plus de partisans que dans la France elle-même.

Il ne faut donc pas se reprocher mutuellement des fautes ou des erreurs , mais se prémunir ensemble contre le danger le seul à craindre pour des peuples parvenus à un haut degré de civilisation et de connoissances , contre le danger des fausses doctrines qui minent à petit bruit les lois, les mœurs, les institutions. L'Europe , au sortir de cette crise violente, ne peut périr que de consomption ; et le jour que le dogme athée de la souveraineté du peuple aura remplacé , dans la politique, le dogme sacré de la souveraineté de Dieu ; le jour que l'Europe aura cessé d'être chrétienne et monarchique, elle ne sera plus , et le sceptre du monde passera en d'autres mains.

Mais ce n'est pas seulement dans des considérations morales qu'il faut chercher la raison de la prépondérance morale de la France ; on doit surtout avoir égard aux circons-

tances extérieures dans lesquelles elle est
placée.

Un peuple est fort de ce qu'il est, plus encore que de ce qu'il a ; il est inquiet et foible
de ce qui lui manque ; et c'est ce qui fait que
les peuples insulaires, dont les entreprises
maritimes et commerciales n'ont de bornes
que celles du Monde, sont toujours dans un
état hostile avec tous les peuples. Cette disposition agressive, qu'on remarque chez des
peuples qui ne sont pas plus belliqueux que
d'autres, vient, en général, de ce que la
force d'expansion qui agit dans la société,
comme dans tous les êtres, pour l'amener à
son développement naturel, n'est pas épuisée.

L'Espagnol, sur le continent, est fort,
et n'est pas agresseur, parce que son accroissement est fini, et qu'il n'a rien à craindre
de ses voisins, ni rien à leur demander (1).

La France, double de l'Espagne en population plus heureusement située, pour

(1) Des liaisons de famille autant que des alliances étrangères contrebalancent en Espagne la tendance à se réunir au
Portugal, qui se défend avec ses colonies, et rentreroit dans
l'Espagne s'il venoit à les perdre. D'ailleurs ces deux peuples
ont un intérêt commun : les derniers événemens l'ont prouvé,
et n'en ont fait pour ainsi dire qu'un peuple.

influer sur les affaires générales de l'Europe, dont elle occupe le centre et la plus belle partie; la France est, à l'égard de ses voisins, dans une disposition plus hostile que l'Espagne, bien moins cependant que d'autres puissances; parce que sa force d'expansion agit sur un seul point, et qu'elle est *finie* sur tous les autres.

Cette force d'expansion a agi, en France, pendant une longue suite de siècles; et presque avec la même intensité, sous des rois foibles et sous des rois forts, aux jours les plus malheureux, comme dans les temps les plus prospères. Elle s'est arrêtée aux Pyrénées, aux Alpes, aux deux mers; limites anciennes de la Gaule, et limites naturelles de la France son héritière.

On peut même remarquer qu'aucun État, en Europe, n'a été plus fort et plus heureux que la France, pour réunir à son territoire des provinces contiguës, et qui entroient dans le plan de son accroissement naturel; qu'aucun n'a été plus foible et plus malheureux pour conserver des possessions lointaines; et, sans parler de nos dernières invasions en Égypte, en Allemagne, en Pologne, en Russie, on sait tout ce qu'il en a coûté à la France, sous les Valois, non pour retenir, mais pour perdre ses conquêtes en Italie.

Cet accroissement insensible et progressif de la France s'est opéré bien moins par la force des armes, que par des donations, des successions, des acquisitions, des échanges, des droits matrimoniaux, ou en vertu de lois féodales, alors universellement en vigueur; et elle a presque toujours trouvé, dans les dispositions des lois civiles, le motif de son agrandissement politique.

Depuis que l'accroissement de la France est fini sur tous les points, hors un seul, elle a cherché à s'étendre vers ce point, et sur la frontière du Rhin, dernière limite des Gaules, berceau de la monarchie française, mouvance ancienne de sa couronne, et même autrefois partie de son territoire.

Toutes les guerres que la France a faites ou soutenues depuis un siècle, toutes celles qu'elle fera à l'avenir, n'ont pas eu et n'auront pas un autre principe : principe secret qui agit malgré les hommes et les gouvernemens; et lorsque Louis XIV posa lui-même des bornes à l'agrandissement de la

France vers le nord, en la ceignant, de ce
côté, d'un triple rang de places fortes, il ne
fit que lui préparer de nouvelles facilités, et
un point d'appui pour s'élancer au-delà.

On prend les hommes, dans la société,
pour des agens, tandis qu'ils n'y sont que
des instrumens ; et l'on ne voit pas cette
force conservatrice, dont les lois sont la nature, qui, en laissant à l'homme la liberté
de ses actions, se réserve la conduite des
événemens.

Ce principe d'expansion et de développement, qu'on ne veut pas reconnoître, agit
cependant avec plus ou moins de force et de
succès dans toutes les sociétés. C'est cette
tendance aux limites naturelles qui a donné
la Norwège à la Suède, l'Ecosse à l'Angleterre, qui a réuni en un royaume toutes les
Espagnes, et qui lui assure, malgré les droits
de la France, la Haute-Navarre. Le même
principe a réuni la Finlande à la Russie ;
mais il a eu une cause accidentelle. Le jour
que Pierre-le-Grand plaça sa nouvelle capi-
tale à l'extrême frontière de ses Etats, il
donna à la Suède une juste motif d'alarme,
et même de guerre, parce qu'un Etat tend

nécessairement à éloigner l'ennemi du siége
de son administration, et à placer sa capi-
tale au centre de ses provinces; et pour cette
raison, la Suède devoit détruire Saint-
Pétersbourg (qui effectivement a couru des
dangers dans la dernière guerre des Suédois
et des Russes), ou la Russie s'emparer de
la Finlande, et porter sa frontière jusqu'au
golfe de Bothnie.

Ainsi la France fera par la seule force du
principe intérieur qui l'agite, un continuel
effort pour se porter sur le Rhin, et il y a
dans l'avenir mille chances pour qu'elle y parvienne; aujourd'hui surtout que les électorats
ecclésiastiques en deçà du Rhin, maintenant
sécularisés, ne seront plus défendus par
des considérations religieuses, toujours puissantes sur le gouvernement français.

Au commencement du dernier siècle,
Leibnitz, un des plus profonds publicistes qui
aient paru, avoit très-bien jugé cette tendance
de la France, et en avoit pronostiqué l'issue.

C'est précisément ce seul et dernier intérêt de la France qui a empêché qu'elle ne
fût aussi utile qu'elle auroit pu l'être au repos
de la chrétienté, parce que dans les affaires

générales de l'Europe, elle n'étoit pas tout-
à-fait désintéressée, quoiqu'elle le fût beaucoup plus que d'autres puissances qui ont
autant d'ennemis que de voisins, et peuvent
s'étendre à la fois sur toutes leurs frontières.

On dira peut-être que si la France a fran-
chi l'Escaut et la Meuse, elle peut aussi fa-
cilement franchir la limite du Rhin. Sans
doute la France peut passer le Rhin, si l'intérêt de l'Europe le demande ; mais jamais
elle ne fera au-delà d'établissement. L'opinion, ou plutôt la raison publique si puissante en France hors les temps de révolution, repousseroit comme un accroissement
monstrueux et contre nature tout agrandissement qui donneroit à la France pour ennemis tous ses voisins, et n'offriroit à une
ambition insensée d'autres bornes que les
sables de la Pologne, ou les glaces de la
Russie. Jusqu'au Rhin la France est dans
ses eaux : au-delà c'est un autre ciel, une
autre terre, d'autres hommes, d'autres
mœurs, une autre langue. Tout est français en deçà du Rhin, et le devient tous
les jours davantage ; tout est allemand au-
delà : c'est la Gaule et la Germanie ; et peut-

être dans aucune autre partie de la terre habitable, on ne voit des limites naturelles, mers, fleuves ou montagnes, séparer des peuples qui soient plus différens entr'eux, que les Français le sont des Italiens, des Espagnols, des Allemands ou des Anglais.

Et qu'on prenne garde que la Belgique, et la plus grande partie des provinces cis-rhénanes, au moins depuis leur sécularisation, n'appartiennent proprement à aucune famille régnante. L'Autriche ne veut pas des Belges; le cercle de Bourgogne, *nommé* au traité de Westphalie, n'a jamais été reconnu par l'empire germanique; et si le vœu des peuples étoit écouté, la Belgique appartiendroit à la France.

Certes, ce vœu n'est pas de la part des Belges une haine aveugle de leurs voisins les Hollandais, ni une affection irréfléchie pour la France; c'est le sentiment bien naturel des maux qu'ils ont soufferts, depuis plus de trois siècles, que leur fertile pays est, tous les vingt ans, le théâtre de toutes les guerres qui s'élèvent sur le continent (1); c'est la crainte bien

(1) On a remarqué que dans les trois cents dernières

légitime des maux auxquels ils seront encore
exposés , tant que la politique s'obstinera à
contrarier le vœu de la nature : crainte d'autant mieux fondée , maux d'autant plus im-
minens, qu'il y a toujours eu moins de chances
de guerre entre la France et l'Autriche ,
maîtresse des Pays-Bas , qu'entre la France
et l'Angleterre , engagée désormais à conserver à la Hollande ces belles provinces (1).

Que fera-t-on en retardant le moment de
cette réunion naturelle , que prolonger l'in-
quiétude de la France et celle de l'Europe,
et condamner ces belles contrées déjà en-
graissées de tant de sang , à servir encore
d'arène aux jeux cruels de la guerre ?

Que sera, je le demande, ce royaume de
la Belgique , placé à la porte de la France
et sous le canon de ses forteresses , qu'une
union forcée , un mariage mal assorti entre
deux peuples que divisent les souvenirs, les
habitudes , la religion , les intérêts? La Belgique en sera plus malheureuse ; la Hollande n'en sera ni plus riche ni plus forte ;

années il y a en à peine quarante-cinq ans de paix, et une
grande partie de ces guerres a pesé sur les provinces belgiques.
(1) Voyez une lettre d'un Russe dans le *Moniteur* du 20
décembre.

et l'Angleterre obligée de la défendre contre
la France, l'Angleterre déjà occupée de son
royaume de Hanovre, et devenue, malgré
la nature, puissance de Terre-Ferme, n'a-t-
elle pas à redouter pour sa constitution ces
connexions continentales, si suspectes aux
vieux et francs Anglais, et qui l'exposent à
des revers qu'elle est moins que tout autre
puissance en état de supporter ?

Les provinces des Pays-Bas ont toujours
fait le malheur de leurs possesseurs éloignés,
parce que la politique a toujours contrarié
la marche naturelle des événemens. L'Espagne s'est mise à deux doigts de sa perte,
pour s'être obstinée à les retenir ; l'Autriche
a inutilement prodigué, pour les défendre,
ses trésors et ses armées ; et à la fin, mieux
conseillée, elle a voulu, même avant la révolution, les échanger contre des provinces
contiguës à son territoire, et depuis elle a
avec empressement accepté comme indem-
nité les Etats Vénitiens. Il pourroit arriver
que la Belgique, garantie à la Hollande par
l'Angleterre, perdît un jour l'Angleterre et
la Hollande, qui doivent rester ce que la
nature et l'art les ont faites, l'une maîtresse

de la mer et maison de commerce du monde; l'autre entrepôt de ses colonies et maison de *commission* de l'Europe.

Il seroit aisé, je crois, de prouver, l'histoire à la main, que tous les malheurs de l'Europe, depuis quatre siècles, peut-être toutes ses révolutions politiques, sont venus de près ou de loin, de cette succession litigieuse de la maison de Bourgogne, véritable pomme de discorde entre la France et l'Autriche, ces deux aînées de la chrétienté, qui avoient tant d'intérêt à rester à jamais unies; et cause constante de cette rivalité qui, tantôt à force ouverte, tantôt par de sourdes intrigues, a entretenu en Europe une division intestine, et y a allumé un feu que rien n'a pu éteindre. Les premières guerres de religion des Pays-Bas ont eu une grande influence sur les destinées de l'Europe; et leurs derniers troubles sous Joseph II n'ont pas été étrangers à notre révolution, et semblent en avoir donné le signal.

Sans doute si toutes les puissances, trop heureuses d'avoir échappé à la honte et au malheur d'une tyrannie sans exemple, convenoient d'en revenir au *statu quo ante*

bellum, et de se remettre dans l'état où la
révolution les a trouvées , la France n'auroit rien à demander, quoique même dans
ce cas elle eût à souffrir pour long-temps ,
pour toujours peut-être , de la perte de ses
plus belles colonies. Mais si l'Angleterre ,
l'Autriche , la Russie , déjà si fortes , si la
Prusse même , s'agrandissent , l'une par la
possession des points du globe les plus pré-
cieux pour son immense commerce du Levant et des Indes orientales ; les autres sur
leurs voisins , ou même un jour aux dépens
des Turcs qui leur offrent à la fois une proie
si riche et une si facile conquête ; mais si
l'Espagne , alliée naturelle de la France ,
déjà épuisée par son héroïque résistance,
voit ses riches possessions de l'Amérique
méridionale échapper à la domination ; mais
si le royaume des Deux-Siciles, autre allié
de la France, reste divisé , par quelle injus-
tice, ou par quelle imprudence les partisans
de l'équilibre politique entre le Nord et le
Midi , jetteroient-ils tout le poids dans la
balance du Nord , et refuseroient-ils à la
France seule un accroissement de territoire
que la nature lui donne, et que, pour l'in-

térêt de l'Europe, la politique devroit lui
donner?

Et qu'on véuille bien remarquer que pour
quelques Etats, un accroissement de territoire n'est souvent qu'un moyen d'agrandissement nouveau : ainsi la Moldavie et la
Valachie pour la Russie ; la Servie ou la Bul-
garie pour l'Autriche , ne font qu'ouvrir à
ces deux puissances, le chemin de la Grèce
et de la Turquie d'Europe ; ainsi Malte ,
l'île de France, le cap de Bonne-Espérance
ont pour l'Angleterre une importance bien
supérieure à leur valeur territoriale , et lui
assurent à volonté le commerce exclusif
du Levant et des Indes. Pour la France,
au contraire, les provinces belgiques
n esont qu'un complément ; elle ne fait,
par cette acquisition , qu'atteindre sa
dernière limite , limite à son ambition
comme à son territoire. Tout ce qu'elle en-
vahiroit au-delà , seroit colonie , et de ces
colonies continentales, qui ont toujours fini
par ruiner leur métropole ; et en s'étendant
ainsi hors de ses justes et naturelles propor-
tions , la France perdroit le premier de tous
ses avantages , la force qu'elle tire de la

composition, une, compacte, et, pour ainsi dire, tout d'une pièce, de son territoire.

Non : ce n'est pas à la France qu'il importe d'aller jusqu'au Rhin. Les habitans de l'ancienne France n'en seront ni plus ni moins heureux; son gouvernement n'en sera ni plus ni moins stable et fort. C'est pour l'Europe que cette mesure politique est nécessaire, parce qu'alors, et seulement alors, la France sera utile à tous les Etats, et ne sera dangereuse pour aucun.

La France alors seroit une société *fixée*, une société *finie*, et la première société indépendante et monarchique qui se soit trouvée dans cet état, où une nation désormais sans intérêt, et par conséquent sans passions, peut offrir un protecteur, un médiateur, un arbitre à tous les intérêts et à toutes les passions.

La France seroit au repos comme une arme détendue, et toute l'Europe y seroit avec elle et par elle ; et ce ressort qu'on voudroit en vain comprimer, auroit perdu, en s'étendant, son élasticité.

C'est alors que la France pourroit donner l'exemple unique au monde d'une société qui, parvenue à ses derniers développe-

mens, n'ayant rien à craindre, rien à dé-
sirer ; rien à acquérir et rien à perdre, en
paix avec tous ses voisins, tranquille sur
toutes ses frontières, peut agir sur elle-
même, et employer ses talens naturels et ses
connoissances acquises à perfectionner ses
lois, ses mœurs, son administration, sa
constitution, à tout *réparer* et à tout *main-
tenir* dans l'ordre ; à fermer les plaies faites
à la religion, à la justice, à la morale, à la
propriété, ces bases fondamentales de l'ordre
social : et qu'on daigne nous en croire, c'est
un pareil modèle qu'il faut à l'Europe pour
apaiser ce lion irrité d'un long combat, et
prêt à le recommencer, et la France peut-
être peut seule conserver cette Europe que
seule elle a pu bouleverser. *vrai*

. La France alors pourroit désarmer, ré-
duire ses impôts et ses troupes soldées à ce
qui est nécessaire pour la sûreté de ses frontières, et sa tranquillité intérieure, et faire
cesser ainsi cette guerre intestine et fiscale
entre l'Etat et la famille qui trouble tous
les Etats européens, et qui ôte à la famille
le nécessaire, sans pouvoir même suffire
aux besoins des gouvernemens.

Dans cette situation où jamais nation ne s'est trouvée, tout bien intérieur est possible : il appartient, ce semble, à la France qui a ouvert à tous les peuples la route de la civilisation, d'être la première à en atteindre le terme ; et, en réduisant la perfection possible d'une société à ses justes bornes et à la mesure de la foiblesse humaine, j'ose avancer, comme un axiome de haute politique et de véritable philosophie, qu'il n'y a qu'une société *finie* qui puisse devenir une société *parfaite*.

Je le répète : on ne connoît pas assez quel moyen d'ordre et de paix seroit pour l'Europe une puissance telle que la France absolument et personnellement désintéressée dans toutes les querelles du continent, et à qui, par sa position même, la crainte seroit interdite et l'ambition impossible. L'Europe un jour le sentira, le regrettera peut-être, lorsque, faisant le dénombrement de ses enfans, et s'étonnant de se trouver si peuplée, elle redemandera en vain à la religion ces institutions et ces mœurs qui imposoient d'autres engagemens, et inspiroient d'autres goûts que ceux du mariage, et à la politique ces grandes propriétés , véritables greniers d'abondance , qui nourrissoient la classe indigente , et en prévenoient l'accroissement.

- On pourroit plutôt craindre pour les forces de la France cet état habituel de paix et d'inertie, si l'on ne savoit aujourd'hui par l'exemple de l'Espagne pour laquelle on redoutoit le même danger après la paix des Pyrénées, qu'un Etat bien constitué gagne en force de résistance ce qu'il perd en force d'agression ; qu'on peut , par de bonnes institutions et une administration vigilante, et surtout économe, former un esprit public qui est la meilleure défense des Etats; et qu'après tout , si les troupes soldées sont fortes pour attaquer, les peuples sont forts pour défendre, parce qu'un peuple se défend avec des sentimens , et qu'une armée n'attaque qu'avec de l'obéissance et de la discipline.

- On croit faire une objection contre le système des *limites naturelles*, en disant que si l'on prend pour bornes à l'agrandissement d'un Etat des limites prétendues naturelles, il n'y a plus de bornes à l'ambition des conquêtes; mais il est aisé de répondre qu'il faut

chercher des limites naturelles, là seulement
où la nature en a posé de semblables ;
qu'elles sont distinctement marquées pour
quelques parties du continent européen, et
particulièrement pour la péninsule d'Espagne
et pour la France ; que ce défaut de limites
naturelles dans de grandes parties du continent asiatique, y a toujours entretenu
cette facilité d'invasions et de révolutions
qui l'ont constamment désolé ; que si quelques Etats européens n'en ont point de
telles dans les dispositions des lieux, ils en
trouvent d'autres dans les dispositions des
esprits, dans des différences de religion, de
mœurs, d'origine, dans des haines nationales, même dans leur propre grandeur ;
et chez les peuples chrétiens, dans un
sentiment de modération que le christianisme inspire aux souverains même les plus
ambitieux ; qu'après tout, si quelques Etats
sont privés de cet avantage, ce n'est pas une
raison pour le méconnoître ou le contester
là où il existe ; et qu'enfin, c'est précisément
pour prévenir l'excessif accroissement de
ces Etats sans limites déterminées, et qui
peuvent à la fois s'étendre sur tous les

points ; qu'il est nécessaire que dans la
grande confédération chrétienne, où tout
bien doit avoir sa raison., et tout mal son
remède, une puissance telle que la France
parvienne à son complément, et que, placée
pour tout surveiller, et assez forte pour tout
empêcher, elle soit la limite naturelle des
Etats qui n'en ont point, et une borne à
l'ambition de ceux qui n'en ont point à leur,
territoire. N'y eût-il que la France assez fa-
vorisée de la nature pour trouver à la fois
des bornes insurmontables à son accroissement indéfini et dans la modération de
ses Rois, et dans le caractère national plus
vain de gloire qu'avide de conquêtes, et dans
la disposition de son territoire, il faudroit
se hâter de la fixer et de la *finir*, afin que
dans cet état elle fût la seule désintéressée
au milieu de tant d'intérêts opposés ; la seule
tranquille au milieu de toutes les agitations ;
la seule, enfin, sans passion au milieu de
peuples qui seront long-temps agités de toutes
les passions. La France, parvenue à son
dernier terme, peut, en quelque sotre, être,
pour tous les Etats, un régulateur, et comme
une mesure commune de grandeur et de

force. Elle seule, par son assiette inébran-
lable, peut désormais préserver l'Europe de
tout ébranlement général; et aujourd'hui que
la puissance Ottomane n'est plus à craindre
pour la chrétienté, et disparoîtra sans doute
bientôt de l'Europe, il peut être sage de porter ses regards d'un autre côté, et de prévoir
les résultats éloignés et possibles de ces événemens prodigieux, qui ont attiré au centre de
l'Europe et au milieu de tous les délices de
nos sociétés, ces nations hyperboréennes que
la nature semble tenir en réserve dans leurs
immenses déserts, et qui n'attendent qu'un
signal pour lever leurs tentes et marcher
partout où il y a des peuples à punir et des
sociétés à renouveler.

Il faut bien le dire : ce sont de petites
jalousies de commerce qui s'opposent au
dernier accroissement de la France sur des
provinces maritimes. Mais ici il faut sortir
de cette politique de comptoir, et s'élever
à de plus hautes considérations.

Un peuple est bien moins adonné au
commerce par sa position insulaire ou ma-
ritime, que par ses institutions politiques
et religieuses. Rome, à la fin, avoit plus de

côtes et de ports que Tyr ou Carthage n'en
avoient eu, et Rome ne fut jamais commerçante, parce qu'avec des formes républi-
caines, elle retint long-temps l'esprit monarchique qui l'avoit fondée. L'Espagne et le Portugal sont tout en côtes ; la France en possède
sur les deux mers, et cependant aucun de
ces peuples n'a proprement l'esprit du commerce ; parce que, d'un côté, l'esprit de la
monarchie inspire plutôt le goût des professions publiques que des professions privées, et que, de l'autre, les maximes de la
religion catholique sur le mépris et le
danger des richesses, et les exemples de
pauvreté volontaire que donnent les institutions particulières à cette religion, ont,
à la longue, une influence plus étendue
qu'on ne pense sur les esprits et sur la conduite, et retiennent les peuples catholiques
dans des habitudes de modération et de dé-
sintéressement peu compatibles avec l'esprit
de commerce.

L'indolence tant reprochée aux Espagnols
et aux Portugais, si ardens cependant et si
actifs pour les grands intérêts de la société,
et reprochée par des peuples qui n'ont d'ac-

tivité que pour des intérêts personnels ; cette
indolence n'avoit pas un autre principe ; et,
considérée sous ce point de vue , elle étoit
le plus beau trait du caractère national et
le principe des plus héroïques sacrifices. En
France même , on ne se livroit au commerce
que pour le quitter , et l'on n'attendoit pas
toujours d'avoir fait une fortune suffisante
pour passer, par l'acquisition d'une charge ,
au service de l'Etat , et dans des professions
où les mœurs , malgré les lois , interdisoient
tout métier lucratif et toute occupation mer-
cantile.

Les républiques d'Italie, du moyen âge ,
ne s'étendoient que sur les côtes qui bor-
doient leur petit territoire ; la Suisse et Ge-
nève n'en ont pas ; les côtes de la Hollande
sont peu accessibles aux gros vaisseaux ; et
cependant tous ces Etats étoient ou sont encore exclusivement occupés de commerce
et d'affaires d'argent. La Flandre même étoit
plus commerçante que l'Angleterre avant ses
derniers troubles , parce qu'elle étoit de
fait plus républicaine ; et Robertson remarque avec raison que jusqu'au quinzième
siècle , et tant qu'elle a été , malgré sa cons-

titution, gouvernée d'une manière toute monarchique, l'Angleterre, avec ses côtes et ses ports, n'a pas été commerçante. Ce n'est pas en resserrant la France dans des limites plus étroites (1), que l'Angleterre bornera le commerce français; mais en maintenant en France les institutions qui donnent aux esprits et aux habitudes une direction opposée; et j'ose avancer que si les institutions populaires et presbytériennes — venoient à gagner les grands Etats d'Europe, les guerres tant reprochées à la religion, et dont le principe avoit au moins quelque chose de noble et d'élevé, n'auroient pas été plus cruelles et plus opiniâtres que ne le seroient à l'avenir des guerres viles et honteuses pour du sucre, du café, du coton, et du poisson salé.

Et que l'Angleterre veuille bien considérer ce qu'elle a gagné, même sous le rap-

_____

(1) Qui pourroit dire ce qu'auroit épargné à la France de troubles et de malheurs la possession du Canada, qui auroit offert à ces esprits inquiets, à ces caractères turbulens, à tous ces hommes avides de fortune, et instrumens de révolution, des chances indéterminées comme leurs désirs, et des espaces vagues comme leurs espérances?

port du commerce, à la conversion momen-
tanée de la France en république. Je ne
parle pas du commerce extérieur, dont le
dernier gouvernement ne vouloit pas, et
qu'il détruisoit en France pour le ruiner
partout ; mais les fabriques d'objets autrefois presque exclusivement travaillés et per-
fectionnés en Angleterre, ont pris en France
des accroissemens dont les Anglais eux-
mêmes sont étonnés. Les produits de nos
manufactures, peuvent, sur beaucoup de
points, rivaliser avec ceux des manufactures
anglaises ; et tout annonce que si les Français jetés hors de leurs habitudes et de
leur esprit national, par l'altération des
institutions monarchiques et religieuses,
appliquoient jamais aux entreprises commerciales, cette fécondité d'invention,
cette promptitude de résolution, cette har-
diesse d'exécution qui les distinguent entre
tous les peuples, favorisés comme ils le
sont, par l'abondance des productions ter-
ritoriales et industrielles, la France ne pas-
sât-elle pas la Loire, il n'est peut-être
aucune nation commerçante qui pût soutenir
leur concurrence.

Sur mer, l'Angleterre peut défier toute
l'Europe. Elle n'a rien à redouter de la
France, qui pourroit même lui offrir des
compensations pour un accroissement de territoire. Elle ne doit redouter qu'elle-même,
« et cette constitution turbulente, dit Hume,
» toujours flottante entre la prérogative et le
» privilége. » Le malheur d'un Etat com-
merçant est d'être condamné à faire la guerre.
Le commerce que la philosophie a proclamé
comme le lien universel des peuples, est, par
sa nature, un état nécessaire d'hostilité,
puisqu'il est même entre deux marchands
établis dans la même ville, un état habituel de concurrence. Quand la guerre est
heureuse, toutes les constitutions sont
bonnes : mais il n'y a que les monarchies qui
puissent résister à de grands revers sans en
être ébranlées ; et c'est trop peut-être pour
l'Angleterre, et sa constitution, de s'expo-
ser à la fois, sur terre et sur mer, à tant de
chances de guerre. Sans doute l'Angleterre
compteroit, au besoin, pour défendre la Belgique, sur les forces de ses alliés ; mais qui
sait sur quelles alliances la France aussi
pourroit compter ? Qui oseroit dire quelle

sera , seulement dans vingt ans, la politique
de l'Europe, et les nouveaux intérêts, les
nouvelles amitiés , les nouvelles haines qu'auront produites, dans ce court espace de
temps, des événemens qu'il ne seroit peut-
être pas impossible de prévoir?

Que l'Europe reconnoisse enfin, et sans
s'en alarmer, le destin de la France, toujours sauvée des derniers malheurs, tantôt
par l'héroïsme inexplicable d'une jeune fille,
tantôt par le concert, plus étonnant peut-
être, de tous les souverains. Qu'elle admire
surtout ce bienfait signalé de la Providence,
« qui ne permet pas, comme dit Bossuet,
» que les Etats soient battus d'une éternelle
» tempête ; » et qui toujours a donné à la
France l'homme qu'il lui falloit pour en
empêcher la ruine , en affermir la puissance
ou en réparer les malheurs. Jamais ce bienfait ne fut plus nécessaire que dans ce moment, et jamais aussi il ne fut plus sensible.
Un Roi de cette race antique et vénérée,
qui remonte au berceau de la monarchie,
après vingt-cinq ans de malheurs et d'exil,
trouve une nation malheureuse aussi, et, si on
peut le dire , exilée d'elle-même. Il monte sur

un trône entouré de précipices, et que rien,
en apparence, ne défend contre les désordres
du passé, les embarras du présent, les dangers de l'avenir ; il y monte, et son imper-
turbable sécurité nous révèle le secret de sa
force. A peine y est-il assis, qu'il imprime
à ses démarches le caractère de ses vertus, et
le sceau de sa sagesse. Quel Roi eut jamais
plus de désastres à réparer, plus de plaies à
cicatriser, plus de haines à éteindre, plus
d'intérêts à concilier ? De deux peuples opposés, il faut faire une société ; et cependant,
tout se répare, se calme, s'unit ; il condes-
cend à la foiblesse orgueilleuse de nos esprits ;
il apaise la violence de nos humeurs, il
charme jusqu'aux douleurs dont il ne peut
encore tarir la source. Cette puissance mi-
raculeuse, de guérir les malades, en les tou-
chant, que la religieuse vénération de nos
pères pour la royauté attribuoit aux Rois
de France une fois en leur vie, notre Roi
l'exerce tous les jours sur les maux les plus
invétérés et les malades les plus rebelles.
Sa force est sans effort, sa prudence sans
mystères ; et l'autorité de son caractère pré-
cède le pouvoir de la loi. L'ordre renaît et

s'affermit, avant qu'on en aperçoive les moyens ou les appuis. Ainsi se calme la tempête, et l'on n'entend plus que quelques bruits lointains qui viennent expirer sur le rivage.

Quel que soit, au reste, le sort qui est ré-servé à la France, dans la pacification géné-rale de l'Europe; qu'elle reçoive, comme d'autres États, un accroissement de terri-toire, ou qu'elle l'attende du temps et des événemens, il est une autre puissance dont une haute politique demande plus impérieu-sement que jamais l'affermissement; je veux parler de la puissance du Saint-Siége. C'est de là qu'est venue la lumière; c'est de là en-core que viendront l'ordre et la paix des esprits et des cœurs. Que tous les gouverne-mens travaillent de concert à replacer sur ses bases antiques cette colonne qui porte les destins de l'Europe, à resserrer ce lien mystérieux de la société chrétienne qui unit entr'eux tous ses enfans, et même ceux qui, en reconnoissant pour père commun le divin fondateur du christianisme, sont nés de mères différentes. Les païens avoient fait du territoire du temple de Delphes, un lieu

d'asile et de paix; que les peuples chrétiens
respectent à jamais dans leurs querelles
cette terre sacrée, d'où sont sorties de si
hautes leçons, de si héroïques expéditions
pour la civilisation des peuples, et où sont
venues se consoler de si grandes infortunes.
Que les étendards chrétiens s'inclinent, que
les armes passent baissées devant ce dôme
majestueux, sanctuaire de la vérité, cita-
delle de l'ordre social, qui a résisté à tant
d'attaques, et triomphé de tant d'ennemis,
et que la religion chrétienne ait au moins un
droit d'asile dans la chrétienté.

La politique se fortifie de tout ce qu'elle
accorde à la religion; elle s'appauvrit de tout
ce qu'elle lui refuse. C'est sur ce grand et
noble principe que Charlemagne avoit constitué la chrétienté, et malheur à la société,
si, jamais égarés par des opinions fausses et
étroites, ou de perfides intentions, les gouvernemens oublioient que, chez les nations
indépendantes et propriétaires, il n'y a de
dignité que dans l'indépendance, ni d'indépendance qu'avec la propriété; et que la
religion, son chef et ses ministres, qui, plus
que jamais, ont besoin de dignité et de con-

sidération, doivent être indépendans des erreurs des gouvernemens, des besoins des administrations et des passions des hommes.

———

CONSIDÉRATIONS

SUR LA NOBLESSE.

Ce sujet se lie plus naturellement qu'on ne pense à la première partie de cet écrit ; et traiter de la noblesse , c'est traiter aussi de l'intérêt général de l'Europe.

On a défiguré de mille manières l'idée que l'on doit se former de la noblesse ; et, par une suite nécessaire, on a conçu pour les nobles des sentimens peu équitables.

Redressons les idées sur l'institution , pour changer, s'il est possible, les sentimens envers les personnes ; l'un est plus facile que l'autre : on dissipe les erreurs , mais au-delà se trouvent les passions.

Ces préventions injustes d'un ordre de citoyens contre l'autre, sont la grande maladie de la société, un scandale chez des nations chrétiennes ; elles ont fait la révolution, et la prolongent.

On a exagéré les vices ou les défauts dont les nobles ne sont pas plus exempts que les autres hommes ; jamais, que je sache, on n'a donné la véritable raison de la noblesse.

Les uns ont fait de la noblesse un meuble de la couronne, comme le sceptre et le manteau royal ; les autres en ont fait une illusion de la vanité, ou une usurpation des temps féodaux. La noblesse n'est ni un ornement, ni une décoration, ni un préjugé, ni une usurpation : elle est une institution *naturelle* et *nécessaire* de la société publique, aussi nécessaire, aussi ancienne que le pouvoir lui-même ; et c'est par cette raison qu'elle existe, comme le pouvoir, sous une forme ou sous une autre, dans tout état de société, et sous toutes les formes de gouvernement. Remontons aux principes.

Le pouvoir dans toute société, et quel que soit le mode de son existence, est le *vouloir* et le *faire* ; il *veut* la loi, il l'exécute.

Mais le pouvoir confié à un ou plusieurs hommes, bornés dans leur intelligence, bornés dans leur action, a besoin que sa *volonté* soit éclairée par le *conseil*, et son action aidée par le *service*.

Il y a donc dans toute société des hommes qui *conseillent* le pouvoir dans sa fonction de faire la loi, et qui l'aident ou le *servent* dans sa fonction de l'exécuter.

Et comme le *conseil* est un acte de l'intelligence, et que l'exécution de la loi rencontre dans les passions humaines des obstacles qu'il faut surmonter, en langage précis et philosophique, le conseil est un *jugement*, l'exécution est un *combat;* et il y a, dans toute société, des hommes qui *jugent* et qui *combattent* par les ordres et sous la direction du pouvoir, chef suprême du *jugement* et du *combat dans la société.*

Ces hommes, sous le nom d'*officiers*, de *magistrats*, ou tout autre titre, sont les agens, les serviteurs, les ministres du pouvoir.

Ce sont des hommes publics, puisqu'ils servent le pouvoir dans ses fonctions publiques, comme les serviteurs du pouvoir domestique sont des hommes domestiques, et pour cette raison appelés des *domestiques.*

Ce sont des hommes de la nation, *gen-
tis homines*, d'où est venu le nom de *gen-
tilshommes*, parce qu'ils sont spécialement
dévoués à son service ; des notables, enfin,
notabiles, d'où est venu, par contraction,
le nom de nobles ; des notables, c'est-à-dire,
des hommes remarquables entre les autres
ou distingués des autres, parce que ceux
qui exercent une fonction sont nécessairement distingués de ceux au profit de qui cette
fonction s'exerce.

Ainsi, les nobles ou notables sont les serviteurs de l'Etat, et ne sont pas autre chose :
ils n'exercent pas un droit, ils remplissent
un devoir ; ils ne jouissent pas d'une prérogative, ils s'acquittent d'un *service*. Le mot
service, employé à désigner les fonctions
publiques, a passé de l'Evangile dans toutes
les langues des peuples chrétiens, où l'on
dit le *service*, *faire son service*, *servir*, pour
exprimer que l'on est occupé dans la magistrature ou dans l'armée. Quand Jésus-Christ
dit à ses disciples : « Que le plus grand
» d'entre vous ne soit que le serviteur des
» autres ; — quel est le plus grand de celui
» qui sert ou de celui qui est servi ? » Il ne

fait que révéler le principe de toute société, ou plutôt de toute sociabilité, et nous apprendre que tout dans le gouvernement de l'Etat, pouvoir et ministère, se rapporte à l'utilité des sujets, comme tout dans la famille, se rapporte au soin des enfans ; que les grands ne sont réellement que les serviteurs des petits, soit qu'ils les servent en jugeant leurs différends, en réprimant leurs passions, en défendant, les armes à la main, leurs propriétés, ou qu'ils les servent encore en instruisant leur ignorance, en redressant leurs erreurs, en aidant leur foiblesse : le pouvoir le plus éminent de la société chrétienne ne prend d'autre titre que *serviteur des serviteurs;* et si la vanité s'offense des distinctions, la raison ne sauroit méconnoître les services.

Comme le *moyen* participe de la nature de la *cause*, les ministres ou les nobles participent partout de la nature du pouvoir, et en suivent toutes les phases et tous les accidens. Venons aux exemples.

Le pouvoir est un ou plusieurs, il est monarchique ou populaire. Dans la monarchie le ministre est distinct du pouvoir, et

les nobles du monarque. Dans les Etats populaires les mêmes hommes sont alterna-
tivement pouvoir et ministres, et même
tous les deux à la fois.

En France, que je prends pour exemple
du plus entier développement des institutions monarchiques, tant que la succession
au trône n'a pas été constamment héréditaire, les fonctions publiques ou la noblesse ont été viagères comme le pouvoir;
et c'est ce qui fait qu'on trouve sous la première race des hommes puissans, élevés au-
dessus des autres, comme il y en a partout,
mais qu'on ne voit point de noblesse héréditaire. A mesure que l'hérédité du trône a été
plus constamment et plus régulièrement
observée, on a pu apercevoir la tendance des
fonctions publiques à devenir héréditaires;
et lorsqu'enfin l'hérédité du trône a été la
loi constante et fondamentale, et que la
couronne a été fixée dans une famille de
mâle en mâle, et par ordre de primogéni-
ture, le ministère public de la société est
devenu héréditaire et patrimonial, et il y a
eu des familles nobles, comme il y a eu
une famille royale. Alors a commencé la

noblesse héréditaire , dernier état de cette institution dans une monarchie, borne insurmontable où s'arrête l'ambition.

Cette marche nécessaire des institutions politiques est tout-à-fait dans l'esprit et le système de la monarchie qui ne peut fixer le pouvoir dans une famille, sans tendre de toutes ses forces à fixer aussi dans les familles le service et le ministère du pouvoir.

Le système monarchique tend même à fixer les familles dans les mêmes professions mécaniques, par les maîtrises héréditaires qui ont des effets excellens en administration. Tout est naturel dans la monarchie , et la nature aussi inspire aux enfa ns le goût de la profession de leurs pères , et c'est ce qui assure la perpétuité des métiers les plus vils et les plus périlleux.

Il ne faut pas demander la date précise des changemens dont nous venons de parler dans la constitution de la noblesse , ou du ministère public, parce qu'ils se sont faits insensiblement, et comme tout ce que la nature destine à une longue durée: « On » veut, dit très-bien le président Hénault » en traitant cette matière, que l'on vous

» dise que telle année , à tel jour, il y eut
» un édit, par exemple, pour rendre vé-
» nales les charges qui étoient électives.
» *Mais il n'en va pas ainsi de tous les chan-*
» *gemens qui sont arrivés dans les Etats*,
» par rapport aux mœurs, aux usages, à la
» discipline. Des circonstances ont précédé ,
» des faits particuliers se sont multipliés ,
» et ils ont donné, par succession de temps,
» naissance à la loi générale sous laquelle
» on a vécu. »

Voilà donc en France une noblesse héréditaire et patrimoniale, attachée aussi à la
glèbe et à la propriété , véritable ministère
de la société , et qui est au pouvoir, ce que
les prêtres sont à la Divinité. Mais, et cette
distinction est importante , on ne *servoit*
pas en France dans la magistrature ou dans
l'armée, parce qu'on étoit d'une famille
noble ; mais on étoit d'une famille noble ,
parce qu'elle étoit dévouée spécialement au
service public, et exclusivement à toute profession privée.

On peut trouver en Europe un exemple
bien frappant du désordre que produit dans
les Etats la nature différente du pouvoir et

du ministère , et le développement inégal
de ces deux institutions.

En Pologne , le pouvoir étoit viager ou
électif, et la noblesse héréditaire. En Turquie, le pouvoir étoit héréditaire, et les
fonctions publiques électives ou amovibles;
et ces deux Etats, quoique par des causes
opposées, sont tombés dans le même état
de foiblesse, de désordre et de dépérisse-
ment.

Dans la démocratie pure (si elle est possible), le pouvoir, être abstrait, est partout
et n'est nulle part : pouvoir, ministres, sujets , tout y est individuel, temporaire et
dans un état continuel de mobilité. Il y a
des nobles, et même des rois, ou des pou-
voirs, mais pour un moment, et ils rentrent aussitôt dans la vie privée pour faire
place à d'autres ambitions.

Dans l'aristocratie héréditaire, le pouvoir et le ministère sont confondus dans les
mêmes familles, et ceux qui les exercent
sont distingués des sujets exclus ordinaire-
ment par des lois positives, de toute parti-
cipation au pouvoir et à ses fonctions. Les
nobles servent l'Etat, et le gouvernent

tout à la fois : ils font la loi, et ils l'exécutent ; cette noblesse , qui n'est pas seulement mi- nistère du pouvoir, mais pouvoir elle-même, s'appelle *patriciat*.

Dans la démocratie limitée , où les lois fixent pour un temps plus ou moins long, · sur les mêmes têtes , le pouvoir et le mi- nistère , l'habitude des grands emplois, et surtout la considération attachée aux grandes fortunes , forment une sorte de patriciat bourgeois qui , selon la remarque de Jean- Jacques Rousseau , ne diffère en rien du patriciat noble des aristocraties.

· Ainsi , dans les gouvernemens populaires où tout est individuel, c'est l'individu qui tend à s'élever, et de furieuses ambitions y troublent l'Etat en attendant qu'elles le renversent. Dans la monarchie, au contraire, dont l'esprit est de faire de toutes les pro- fessions , et du pouvoir lui-même , un en- gagement de la famille, c'est la famille qui tend à s'élever, c'est-à-dire à passer de l'état privé à l'état public, progression na- turelle , aussi honorable pour le caractère national, qu'utile à la société , et qui don- noit en France à l'acquisition des richesses

un autre but que la richesse elle-même. C'est
ce passage de l'état privé à l'état public qu'on
appeloit *ennoblissement;* et tantôt la famille ennoblissoit les individus par l'acquisition d'une charge de magistrature ; et
tantôt l'individu ennoblissoit la famille par
de grands ou de longs services dans la car-
rière des armes.

On peut demander la raison de la
loi qui, sauf les priviléges accordés à
quelques villes dans les temps de trouble,
ou pour des motifs d'encouragement du
commerce, n'attribuoit la faculté d'ennoblir qu'aux charges de magistrature en cour
souveraine. Le motif en est évident, et pris
dans les principes même de la société. Le
jugement des procès en matière civile n'est
pas précisément et *nécessairement* une fonction publique, puisque les différends en
matière civile peuvent être terminés sans
magistrats et par des particuliers arbitres ou
médiateurs, et que le particulier lésé peut
transiger seul à seul avec sa partie, ou
même ne pas poursuivre le redressement de
ses griefs ; au lieu que les fonctions de la
justice criminelle et de la vindicte publique

ne peuvent être usurpées par des particuliers, et qu'il ne dépend pas d'eux de transiger sur un crime, ni même de le laisser
impuni. C'est une fonction éminente, et
même la première fonction du pouvoir public, et elle suppose le droit de vie et de
mort, qui est son attribut essentiel; la justice civile est la juridiction sur la propriété;
la justice criminelle est la jurisdiction sur
l'homme : et l'une est par conséquent d'un
ordre plus relevé que l'autre.

En Angleterre, monarchie mixte d'institutions populaires, il y a un patriciat, mais
il n'y a pas de noblesse. Le patriciat lui-
même repose plutôt sur la tête de l'individu
que sur la famille elle-même, puisque l'aîné
seul est ennobli, et que les puînés, lords
par *courtoisie*, rentrent dans la vie privée,
et peuvent exercer des professions privées
et lucratives. Il est même assez remarquable
que l'aîné n'est pas créé pair sous son nom
de famille, qu'il prend le nom de son titre,
et change de nom à mesure qu'il change de
titre : ce qui, pour le dire en passant,
jette une étrange confusion dans l'histoire
d'Angleterre. En France, la famille, une fois

ennoblie ; ennoblissoit tous les individus
qui la composoient, et tous leurs descen-
dans : et elle ne pouvoit déchoir de ce rang
honorable que par *forfaiture* jugée , ou par
dérogeance volontaire. Une fois agrégée au
corps de la noblesse, elle n'étoit pas au-
trement noble que les familles les plus an-
ciennement nobles. Dans les convocations
générales de l'ordre, aux Etats-Généraux,
par exemple, toute distinction de cour ou
d'armée disparoissoit; les pairs eux-mêmes
n'y étoient admis que comme nobles : là
le noble le plus récent siégeoit à côté du
plus ancien , et s'y montroit plus noble ,—
s'il s'y montroit plus fidèle.

Cependant, les familles nobles de temps
immémorial étoient présumées aussi anciennes que la société elle - même : elles
étoient, à proprement parler, les *anciens*
de la société publique, et, à ce titre, elles
avoient droit aux respects que les vieillards
obtiennent dans la famille , et dont ils
abusent quelquefois : mais on pardonne à
la vieillesse ce qu'on ne pardonneroit pas à
un âge moins avancé; et, à cet égard, la
société est d'une extrême indulgence.

Des écrivains ont cru faire preuve de philosophie en blâmant l'ennoblissement à prix d'argent ; il n'y a rien cependant de plus naturel et de plus raisonnable. La famille, dans l'état privé, doit s'enrichir par le travail, première condition de l'homme. Une fois parvenue au service de l'Etat, c'est-à-dire devenue noble, elle ne doit plus que *servir*. Toute profession étrangère aux devoirs du ministère public, qui lui feroit perdre l'esprit de sa profession, ou le temps de vaquer à ses fonctions, doit lui être interdite. La famille noble peut ne pas servir *actuellement*, mais elle doit être constamment à la disposition de la société, et c'est ce qui faisoit qu'il étoit défendu aux nobles d'engager leur personne, en souscrivant des obligations de commerce qui entraînent la contrainte par corps. Il est donc raisonnable qu'une famille qui veut s'ennoblir, fasse preuve d'une fortune suffisante pour pouvoir *servir* ; et même, comme dit Montesquieu, *servir* avec le capital de son bien, car c'est ainsi qu'on servoit autrefois en France, dans la magistrature comme dans l'armée. On étoit même en France trop pressé de s'en-

noblir , ce qui peuploit l'ordre de la
noblesse de familles pauvres , qui ne pouvoient pas rentrer dans la vie privée pour
s'enrichir par une profession lucrative , ni
sortir de cet état d'indigence ; que par un
cardinal ou un maréchal de France.

Ainsi , tous les individus en France n'é-
toient pas admis directement et sans noviciat
aux emplois publics (sauf les talens éminens
qui font exception à toutes les règles) ; mais
toutes les familles étoient à leur volonté
admissibles dans l'ordre spécialement chargé
des fonctions publiques ; et , dans tout Etat
naturellement constitué , qui considère plutôt les familles que les individus , il faut
que la famille puisse sortir de l'état privé
avec facilité , et les individus avec effort.
Une famille qui avoit payé ou gagné son
admission dans l'ordre de la noblesse , et
renoncé en même temps à toute profession
lucrative , avoit donc un droit acquis et légitime de préférence sur toutes celles qui
n'étoient pas liées par les mêmes engagemens , et n'avoient pas renoncé aux mêmes
avantages. Ainsi le jeune homme né dans
une famille noble et pauvre , pouvoit avec jus-

tice réclamer sur le fils d'un riche négo-
ciant, le droit de se faire tuer en qualité de
sous-lieutenant. Il en est de même de toutes
les professions qui demandent un noviciat
et des grades. Ainsi l'on ne peut, même avec
des talens et des connoissances, exercer les
professions libres d'avocat et de médecin,
au-préjudice de ceux qui ont suivi les études
et pris les grades préparatoires de méde-
cine et de jurisprudence.

Il est difficile de trouver dans cette marche
régulière de toutes les familles, vers un
but aussi honorable que le service public,
je ne dis pas une raison, mais un prétexte
à la jalousie dont la noblesse à toutes les
époques a été la victime. Qui est-ce qui
doute que toutes les familles, même les
familles royales, n'aient dans un temps
ou dans un autre, commencé par l'état
privé? La seule différence, comme le dit
Coulanges, est qu'entre tous les enfans
d'Adam,

> L'un a dételé le matin,
> L'autre l'après-dinée.

Et c'est s'irriter contre la nature et le temps

que de porter envie aux plus diligens. Le mal n'est pas d'avoir dételé les uns avant les autres, car tous ne peuvent pas dételer à la fois, mais de vouloir mettre *la charrue avant les bœufs*, et de renverser l'ordre de la société, qui fait passer une famille, de la charrue au comptoir, du comptoir au cabinet d'affaires, du cabinet sur la chaise curule, et l'accoutume ainsi insensiblement à se dépouiller du vieil homme pour revêtir l'homme nouveau. Et je prie qu'on remarque ici la différence des institutions. Autrefois en France, pour forcer les barrières que les mœurs, les usages, même le système monarchique, opposoient à l'élévation trop brusque d'un individu, né dans une classe obscure, aux premiers emplois de l'Etat, il ne falloit qu'un grand talent, car je crois qu'on peut soutenir qu'il manque quelque chose au talent qui ne s'élève pas, et que la faute en est à l'homme plutôt qu'aux circonstances. Il ne falloit donc en France qu'un talent supérieur, aidé, si l'on veut, par des circonstances favorables. « La constitution du royaume de » France, dit un ancien auteur, cité par le

» président Hénault, est si excellente qu'elle
» n'a jamais exclu et n'exclura jamais les ci-
» toyens nés dans le plus bas étage, des di-
» gnités les plus relevées. » Les exemples,
il est vrai, en étoient rares, mais les talens
sont encore plus rares que les exemples, et
dans une société bien constituée, le besoin
d'un grand talent pour le gouvernement,
est plus rare encore que le talent lui-même.
Enfin, il n'y avoit en France aucune loi
d'exclusion d'un citoyen quelconque d'aucun
emploi, et il ne falloit, je le répète, que de
grands talens ou de grands services pour parvenir à tout. Aujourd'hui qu'il y a une loi
positive, si l'on ne paie pas cent écus ou
mille fr. à peu près de contribution foncière,
on ne peut être ni électeur ni éligible, quel
que soit le mérite personnel; et par conséquent les trois quarts au moins des familles
nationales, sont formellement et *légalement*
exclues de ce premier degré des fonctions
publiques, et qui désormais conduira à
tous les autres, et sont en quelque sorte
constituées en esclavage politique, tandis
qu'une autre loi déclare tous les individus
admissibles à tous les emplois. Je ne blâme

pas la disposition de la loi qui attache des
droits politiques à la propriété, mais je fais
seulement remarquer qu'autrefois en France,
l'homme, pour s'élever, n'avoit besoin que
de lui-même, et qu'aujourd'hui, pour exercer,
dans un Etat libre, les droits de citoyens, les
vertus de Caton et les talens de Démosthènes
ne servent de rien sans l'impôt foncier.

Mais en laissant à part ces talens transcen-
dans qui forcent tous les obstacles là où une loi
positive ne les condamne pas à l'obscurité,
il est aisé de voir que le passage subit des
individus de l'état privé à l'état public, est
moins un avancement qu'un déplacement,
et plutôt une révolution qu'une promotion.
Au moral comme au physique, la tête
tourne à une élévation à laquelle on n'a
accoutumé ni son cœur ni ses yeux. On porte
dans les fonctions publiques les opinions,
les affections, les goûts, les habitudes, les
passions qui ne conviennent qu'à l'état privé.
La langue même fournit un exemple frappant de cette vérité dans cette locution
consacrée par l'usage, l'*ivresse* du pouvoir, qui exprime l'état de fureur ou de
démence d'une ame foible qui a reçu plus

de pouvoir qu'elle n'en peut porter; et la révolution en a offert de terribles exemples.

L'élévation graduelle des familles n'offre aucun de ces dangers. Dans la marche ordinaire, la famille passe, comme nous l'avons déjà dit, de la profession de laboureur ou d'artisan, à celle d'homme d'affaires, de médecin, de magistrat, etc. L'enfant, à mesure que la famille avance, reçoit en naissant l'esprit, les sentimens, les habitudes de la profession à laquelle il est destiné; sentimens héréditaires qui, bien plus que les connoissances acquises, font des hommes bons et utiles! et l'on peut appliquer à cette hérédité d'esprit de profession, ce que Bossuet dit de l'hérédité du trône, « qu'on » n'a point à remonter le ressort à chaque » génération, et que les choses vont avec la » nature. »

Dans les républiques, sociétés d'individus, l'élévation des individus est brusque et rapide, les grands talens s'y développent avec avantage; et comme ils peuvent conduire à tout, et même au pouvoir, l'Etat périt, tôt ou tard, par de grands talens. Dans la monarchie,

société de familles, l'élévation des familles
est, en général, lente et graduelle ; et l'Etat
se soutient bien plus par la continuité des
principes et des maximes du gouvernement,
que par la supériorité des talens. « Au reste,
» dit très-bien J.-J. Rousseau, quand il
» paroît un grand homme dans une monar-
» chie presqu'abîmée, on est tout surpris des
» ressources qu'il trouve, et cela fait épo-
» que. » Dans une monarchie, tant qu'on
n'en a pas altéré les principes, le grand
homme paroît au besoin, et la société est
sauvée. Dans les républiques, les grands
esprits, les grands caractères, paroissent à
temps et à contre-temps, et ils troublent
l'Etat ou le renversent.

En Angleterre, un habile avocat devient
lord chancelier : en France, il ennobliroit
sa famille, qui, dès lors, seroit admis-
sible, avec le temps, à tous les emplois,
il y a plus de calme, plus de régularité,
moins de secousses dans cette marche de la
société, moins d'ambition dans les âmes,
moins d'agitation dans les esprits : tout cela
vaut mieux pour la prospérité et la force
d'un Etat, même qu'une succession d'habiles

chanceliers ; et je crois cependant que, sous ce rapport, la France n'a rien à envier aux autres nations.

Sans doute les talens naturels se trouvent en plus grand nombre dans la classe la plus nombreuse, je le crois ; et néanmoins on peut remarquer que ce sont, en général, les nobles qui ont le mieux écrit sur la politique et l'art militaire, comme les magistrats sur la jurisprudence, et les évêques sur les matières religieuses. Aux Etats-Généraux, où tant de forts esprits se trouvèrent en présence, la noblesse ne parut pas inférieure en talent aux autres ordres, et, s'il faut en juger par l'expérience, elle se montra supérieure à tous en connoissances politiques. Tous les autres arts, toutes les autres sciences, appartiennent à l'homme privé plus qu'à l'homme public, et meublent plutôt les académies qu'elles ne défendent la société ; elles peuvent être pour la noblesse un délassement, mais elles sont hors du cercle de ses devoirs.

> *Excudent alii spirantia mollius æra,*
> *Credo equidem,* etc. etc.   *Enéide,* l. iv.

Je le répète : la noblesse héréditaire n'est

que le dévouement de la famille exclusivement au service de l'Etat. Ce qu'on appelle
la *naissance*, *une haute naissance*, n'est que
l'ancienneté de ce dévouèment; et si la noblesse n'étoit pas cela, elle ne seroit rien,
et le nom même n'en seroit pas dans la langue.
Toutes les familles pouvoient, devoient même
parvenir, avec le temps, à cet honorable
engagement. La société les y invitoit, et aucune loi n'excluoit aucune famille française
même du trône, en cas d'extinction de la
famille régnante.

Là seulement est la vraie égalité politique,
dont le problème nous a si long-temps occupés.
Il n'y a aucune égalité entre les individus,
pas plus au moral qu'au physique. La nature
ne l'a pas voulu, et la politique ne peut pas
redresser la nature ; mais toutes les familles
sont naturellement égales, parce qu'elles
sont toutes également bonnes, et par conséquent, toutes politiquement égales en ca-
pacité de parvenir. L'élévation graduelle des
familles est dans le système régulier de la
monarchie (1) ; l'élévation brusque des indi-

_____

(1) Il faut remarquer que le système monarchique qui
élève une famille déjà enrichie par une profession lucrative

vidus, dans le système irrégulier et orageux
des républiques.

Jusqu'à la révolution, la noblesse française, malgré les vicissitudes des temps et
l'altération des lois et des mœurs, fidèle à
sa destination naturelle, plus occupée au
service public, quoique plus pauvre que dans
les autres Etats, avoit retenu ses fonctions
spéciales de *conseiller*, et de *servir*. La distinction utile à la cour, funeste partout ailleurs, de noblesse de robe et de noblesse
d'épée, cette distinction contraire à l'esprit
de la constitution, et inconnue à nos pères,
tendoit tous les jours à s'effacer. On avoit vu
réunies, dans les mêmes familles, les plus
hautes dignités de la milice et de la magis-

est plus économique que le système républicain qui élève
des individus qui ne portent au service de l'Etat que leurs
talens ou leur intrigue, et qu'il faut payer fort cher. On a
beaucoup déclamé contre les privi'éges pécuniaires de la noblesse; mais on n'a pas fait attention que tout moyen ordinaire de fortune lui étoit interdit sous peine de dérogeance,
par les mœurs, plus puissantes que les lois. Montesquieu,
qu'on ne cite jamais, comme J. J. Rousseau, que lorsqu'il
se trompe, l'a très-bien remarqué. Aussi, malgré les priviléges pécuniaires, la noblesse étoit bien moins riche que le
commerce en capitaux, et moins que le clergé et le tiers-état
en propriétés foncières.

trature ; et presque partout, les puînés
des familles de robe occupoient des rangs
dans l'armée. Enfin lorsque la révolution n'a plus laissé à la noblesse française
que la fonction de combattre, on a vu des
magistrats et des guerriers, réunis sous les
mêmes drapeaux, servir la même cause ; et si
les républiques ont eu leurs *braves*, les monarchies ont eu leurs *fidèles*.

Mais si la société est fondée ou rétablie
par des prodiges, elle s'affermit et se main-
tient par des lois sages et de fortes institutions, car la Providence ne fait jamais que ce
que les hommes ne peuvent pas faire. La première, et peut-être la seule institution qui
manque à nos sociétés d'Europe, est l'institution ou la constitution du corps chargé du
ministère public. La noblesse, long-temps
gouvernée par les mœurs, devroit l'être
aujourd'hui par des lois ; car, lorsque les
mœurs sont perdues, il faut les écrire pour
les retrouver. Il faudroit donc instituer la
noblesse dans son état politique, et même
dans son état domestique ; en faire réellement un ordre, c'est-à-dire un corps de
familles dévouées au service public, et tout

régler enfin dans des hommes qui doivent
être la règle vivante de tous. Elle est aujour-
d'hui un objet de jalousie par de vaines déco- -
rations et de frivoles distinctions ; elle seroit
alors, pour les âmes foibles , un objet de
terreur et d'épouvante , par la sévérité de
ses maximes , l'étendue de ses engagemens,
l'austérité de ses devoirs. Je sens ici le besoin
de m'appuyer d'une autorité importante.
Léibnitz qui y voyoit de si haut et de si loin ,
prédit dans les premières années du dernier
siècle, la révolution générale dont l'Europe
est menacée, en assigne les causes, et en
signale en quelque sorte les instrumens et
les acteurs. « Ceux qui se croient, dit-il ,
» déchargés de l'importune crainte d'une
» Providence surveillante et d'un avenir
» menaçant, lâchent la bride à leurs pas-
» sions brutales. et tournent leur esprit à
» séduire et à corrompre les autres ; et s'ils
» sont *ambitieux et d'un caractère un peu*
» *dur*, ils seront capables, pour *leur plaisir*
» *ou leur avancement, demettre le feu aux*
» *quatre coins de la terre, et j'en ai connu*
» *de cette trempe* (1). Je trouve même que

(1) Et nous aussi ! ! !

» des opinions approchantes s'insinuent peu
» à peu dans l'esprit des hommes du grand
» monde, qui règlent les autres, et d'où
» dépendent les affaires, et *se glissent dans*
» *les livres, à la mode*, disposent toutes
» choses *à la révolution générale dont l'Eu-*
» *rope est menacée......* Si l'on se corrige
» encore de cette *maladie épidémique* dont
» les mauvais effets commencent à être
» visibles, les maux seront peut-être pré-
» venus; mais si elle va croissant, la Provi-
» dence corrigera les hommes par la RÉVO-
» LUTION MÊME QUI EN DOIT NAÎTRE. » Puis
il ajoute ces paroles remarquables, comme un
remède aux maux qu'il vient de prévoir : « Je
» né m'attends pas qu'on *fonde si tôt un ordre*
» dont le but soit d'élever l'homme à un haut
» point de perfection..... Comme il est rare
» qu'on soit exposé aux extrémités où l'on au-
» roit besoin d'une si grande force d'âme (1),
» on ne s'avisera guère d'en faire provision
» aux dépens de ses commodités ordinaires,

(1) Il n'est pas douteux que la société en Europe ne soit
arrivée aujourd'hui *à ces extrémités* que Léibnitz de son
temps regardoit comme éloignées, et qui demandent *une
grande force d'âme* dans ceux qui la gouvernent.

» quoiqu'on y gagneroit incomparablement
» plus qu'on n'y perdroit. » .... Mais je
m'apperçois un peu tard que nous faisons,
Léibnitz et moi, une *utopie* sur, la perfec-
tibilité sociale. Il est vrai que nous avons vu
réaliser une *utopie*, moins probable encore
et plus chimérique,... la restauration ; et qui
sait si, quelque jour, des idées puisées dans
la nature de la société, des idées *naturelles*, —
ne prendront pas là places *des idées libérales ?*

FIN.

www.ingramcontent.com/pod-product-compliance
Lightning Source LLC
Chambersburg PA
CBHW070916280326
41934CB00008B/1745